MUSÉE IMPÉRIAL DE VERSAILLES.

LE PORTRAIT AUTHENTIQUE

DE

MLLE DE LA VALLIÈRE

NOTICE

PAR

EUD. SOULIÉ

Conservateur adjoint des Musées Impériaux,
chargé du service du Musée de Versailles.

———o✤o———

VERSAILLES

IMPRIMERIE DE E. AUBERT

6, avenue de Sceaux.

1866

TIRÉ A 100 EXEMPLAIRES.

LE PORTRAIT AUTHENTIQUE

DE

Mlle DE LA VALLIÈRE.

« Enfin, je quitte le monde ; c'est sans regret, mais ce n'est pas sans peine ; ma faiblesse m'y a retenue longtemps sans goût, ou, pour parler plus juste, avec mille chagrins. Vous en savez la plus grande partie, et vous connaissez ma sensibilité ; elle n'est pas diminuée, je m'en aperçois tous les jours, et je vois bien que l'avenir ne me donnerait pas plus de satisfaction que le passé et le présent. Vous jugez bien que selon le monde, je dois être contente, et, selon Dieu, je dois être transportée. Je me sens vivement pressée de répondre aux grâces qu'il me fait, et de m'abandonner absolument à lui. Tout le monde part à la fin d'avril ; je pars aussi, mais c'est pour aller dans le plus sûr chemin du ciel. Dieu veuille que j'y avance, comme j'y suis obligée, pour obtenir le pardon de mes fautes ! »

Un mois, jour pour jour, après cette lettre écrite de Versailles par Mlle de La Vallière au maréchal de Bellefonds, Louis XIV, accompagné de la Cour, partait de Versailles, le 19 avril 1674, pour se rendre en Bourgogne, et Françoise-Louise de La Baume Le Blanc, duchesse de La Vallière, accompagnée de ses enfants, Mlle de Blois et le comte de

Vermandois, quittait, pour ne les revoir jamais, ce château splendide, ces jardins aux eaux jaillissantes, qui avaient été au nombre des premiers témoins de sa coupable passion. Arrivée aux Carmélites de la rue Saint-Jacques, Mlle de La Vallière s'y dépouilla d'une parure superbe, dont elle s'était vêtue à dessein pour la dernière fois, et la donna à l'église ; puis elle dit à ses enfants un suprême adieu, et, restée seule, elle passa le seuil du cloître, *doucement, lentement,* suivant l'expression de Bossuet. « Ma mère, dit-elle alors à la prieure, j'ai fait toute ma vie un si mauvais usage de ma volonté, que je viens la remettre entre vos mains pour ne plus la reprendre. » On la conduisit devant le Saint-Sacrement ; prosternée aux pieds des autels, la pécheresse repentante offrit sa vie à Dieu. Le sacrifice était consommé (1).

Mlle de La Vallière n'avait pas encore trente ans lors de son entrée aux Carmélites ; trente-six années de la plus rude pénitence s'étaient accomplies, lorsque sœur Louise de la Miséricorde y mourut, le 6 juin 1710, âgée de près de soixante-six ans.

}

Dans les derniers mois qui précédèrent sa retraite, Mlle de La Vallière avait commandé au peintre de la Cour, Pierre Mignard, un tableau dont on ne connaissait que cette description donnée par l'abbé de Monville : « Elle est peinte au milieu de ses deux enfants, le comte de Vermandois, jeune prince que le ciel n'a fait que montrer à la terre, et Mlle de Blois, depuis, la princesse de Conty, que Mignard, bon connaisseur, assurait dès lors devoir être un jour la plus grande beauté du siècle. Mme de La Vallière est représentée tenant un chalumeau, d'où pend une boule de

(1) *Réflexions sur la miséricorde de Dieu*, par la duchesse de La Vallière, suivies de ses lettres, etc. ; nouvelle édition, revue, etc., par M. Pierre Clément, 1860, 2 vol. in-12, t. I, p. cxvi.

savon, autour de laquelle est écrit : *Sic transit gloria mundi*. Image naturelle de la vanité des occupations des hommes, et surtout des faveurs de la Cour. Cette généreuse personne qui a fait voir qu'un roi peut être aimé pour lui-même, se préparait déjà au grand sacrifice qu'elle consomma bientôt après. Il est vraisemblable que ce fut elle qui donna l'idée du tableau, et il est certain que ses agréments n'étaient pas diminués lorsqu'elle prit le parti de les ensevelir dans la plus austère retraite (1). »

Lorsque l'abbé de Monville publiait cette description, en 1730, cinquante-six années le séparaient de l'époque à laquelle avait dû être peint le portrait de Mlle de La Vallière, et Mignard était mort depuis trente-cinq ans. Les tableaux de l'artiste étaient en grande partie dispersés, et l'auteur ne pouvait décrire fidèlement que ceux qu'il avait sous les yeux ; aussi, dans ce dernier cas, ne manque-t-il pas d'en indiquer l'emplacement et la dimension. Le portrait de Mlle de La Vallière était déjà au nombre des toiles de Mignard dont on ignorait le sort, et l'abbé de Monville n'avait pu en parler que d'après les notes manuscrites qui lui avaient été confiées, dit-il, par la comtesse de Feuquières, fille de Mignard.

Après une disparition de près de trois siècles, le portrait original de Mlle de La Vallière semblait perdu pour l'histoire, et l'on regrettait de ne trouver qu'incertitude et confusion, soit dans les peintures indiquées comme représentant Mlle de La Vallière, soit dans les gravures conservées au Cabinet des estampes de la Bibliothèque impériale. Le tableau de Mignard existait cependant ; mais on comprendra combien il était difficile d'en retrouver la trace, lorsqu'on saura qu'il fallait le chercher au fond de la Basse-Normandie. La première révélation concernant ce tableau ne remonte, au moins à notre connaissance, qu'à quelques an-

(1) *La Vie de Pierre Mignard*, par M. l'abbé de Monville, 1730, in-12, p. 99.

nées. Dans son *Histoire du canton d'Athis* (1), M. le comte Hector de la Ferrière-Percy s'exprime en ces termes : « Le château de Saint-Germain-Langot renferme une belle collection de portraits de famille. J'y ai retrouvé le portrait d'Isabeau de Rohan, mariée au comte de Flers. Dans le salon est un beau portrait de Mme de La Vallière et de ses enfants, par Mignard. Il fut donné par le Régent, en 1720, à M. d'Oilliamson. » Il y a deux ans, M. le marquis d'Oilliamson envoyait à une exposition d'objets d'art, organisée à Falaise, le tableau de Mignard, conservé dans sa famille depuis le commencement du xviiie siècle, et l'intérêt qu'offrait cette peinture était dès lors signalé, non-seulement par les journaux du Calvados et de l'Orne, mais encore par la presse parisienne.

C'est une copie, de la même grandeur que l'original et fidèlement exécutée d'après le tableau appartenant à M. le marquis d'Oilliamson, que M. le comte de Nieuwerkerke, surintendant des Beaux-Arts, vient de faire placer au Musée de Versailles, dans une des salles de l'attique du nord (côté de la Chapelle). L'auteur de cette copie, M. Schmitz, ancien élève de David, y a apporté tout le soin, toute l'exactitude que demandait une toile de cette importance (2), remplie de détails caractéristiques. On en jugera par la description suivante : elle offre de notables différences avec celle donnée par l'abbé de Monville, mais on se rappelle que l'auteur de la *Vie de Mignard* n'avait pas sous les yeux le tableau qui, à l'époque où il écrivait, se trouvait probablement déjà au château de Saint-Germain-Langot, près de Falaise.

II

A droite du spectateur, Mlle de La Vallière est assise près d'une table sur laquelle elle appuie le bras droit ; elle tient, non pas « un chalumeau d'où pend une boule de savon, » mais une rose flétrie, dont les feuilles tombent sur le ta-

(1) Paris, Aubry, 1858, p. 222.
(2) Hauteur : 1 mètre 92 cent. ; largeur, 2 mèt. 50 cent.

pis, allusion non moins significative que celle indiquée par l'abbé de Monville. Près du bras sont, posés sur la table, deux livres au dos desquels on lit : *Imitation de Jésus-Christ. — Règle de sainte Thérèse*. On sait que sainte Thérèse était la réformatrice des religieuses Carmélites dont Mlle de La Vallière allait bientôt suivre la règle austère. La parure superbe dont elle est vêtue rappelle les paroles de Mme Scarron à Mlle de La Vallière « lorsqu'elle fut touchée de Dieu, et qu'elle fut sur le point d'entrer aux Carmélites : Mais, pensez-vous bien, lui disait-elle, que vous voilà toute battante d'or (car elle s'habillait magnifiquement), et que, dans quelques jours, vous serez couverte de bure ? Elle me confia, ajoutait plus tard Mme de Maintenon, qu'il y avait longtemps que sous ces dehors d'une vie mondaine, elle portait le cilice, couchait sur la dure et faisait toutes les autres austérités des Carmélites. (1). » Le peintre n'a pu représenter le cilice, mais, en signe d'humilité, Mlle de La Vallière montre son pied gauche, qu'elle pourrait cacher sous sa longue robe, et qui rappelle son infirmité. « Elle boîtait légèrement, a dit la princesse Palatine, mère du Régent, mais cela ne lui allait pas mal. »

La devise : SIC TRANSIT GLORIA MUNDI, citée par l'abbé de Monville, est inscrite sur le piédestal d'une colonne, à laquelle le siége de Mlle de La Vallière est adossé ; puis d'autres attributs encore, placés devant et au bas de ce piédestal, expriment l'idée du renoncement au monde. Ce sont : un luth et un livre de musique oblong, ouvert, sur lequel on distingue des vers interrompus au commencement ou à la fin par les plis du papier :

> Le monde éta'e en vain sa pompe et ses appas,
> ne daigne pas écouter sa voix qui m'appelle.
> Ah ! que l'on méprise aisément,
> . . . . . jouir d'une gloire éternelle,
> Celle qui passe en un moment.

(1) *Entretiens sur l'éducation des Filles*, publiés par M. Th. Lavallée, p. 139.

Tout ce qui précède est bien en rapport avec les premiers vers d'un sonnet attribué à Mlle de La Vallière, et dont voici le début :

> Tout se flétrit, tout passe, et le cœur le plus tendre
> Ne peut d'un même objet se contenter toujours, etc.

Des pensées identiques se retrouvent dans les *Réflexions sur la miséricorde de Dieu*, par Mlle de La Vallière, et dans ses lettres au maréchal de Bellefonds (1).

(1) « Hélas ! je suis si faible et si changeante, que mes meilleurs désirs ressemblent à cette fleur des champs dont parle votre Prophète-Roi, *qui fleurit le matin et qui sèche le soir.* » (IVe Réflexion.)

« En considérant un Dieu enfant couché sur la paille et dans une crèche, pour renfermer dans la pauvreté de la terre tous les trésors du ciel, je méprise tous ceux *qui ne durent que des moments.* » (VIe Réflexion.)

« Vous savez, Seigneur, ce que je suis, le peu de stabilité qu'il y a dans mes meilleurs désirs, et comment les *images du monde* effacent toutes les impressions de votre grâce dans mon cœur. » (Xe Réflexion.)

« Créez en moi... un cœur qui vous aime quand il faudra résister en face à la faveur, *vous préférer à ma famille et à ce que j'ai de plus cher au monde.* » (XIe Réflexion.)

« Je n'ai plus qu'un pas à faire, mais j'ai de la sensibilité, et l'on a eu raison de vous dire que Mlle *de Blois* m'en a beaucoup inspiré. Je vous avoue que j'ai eu de la joie de la voir jolie comme elle était ; je m'en faisais en même temps un scrupule ; *je l'aime, mais elle ne me retiendra pas un seul moment ; je la vois avec plaisir et je la quitterai sans peine.* Accordez cela comme il vous plaira, mais je le sens comme je vous le dis. » (*Lettre au maréchal de Bellefonds.* — Versailles, 8 février 1674.)

On lit dans une circulaire de la prieure des Carmélites, imprimée après la mort de sœur Louise de la Miséricorde : « *Jésus-Christ* dans l'Eucharistie était sa force et sa consolation... *l'unique étude* de cette sainte religieuse était de *l'imiter...* Vraie fille de notre mère *sainte Thérèse,* les besoins de l'Eglise, ceux de l'État, le désir de la conversion des infidèles, étaient pour elle une source intarissable de prières. »

Les vanités mondaines sont encore caractérisées par divers objets épars sur le sol, et que Mlle de La Vallière semble fouler aux pieds : un globe terrestre ; un coffret rempli de bijoux, un collier de perles et un pendant d'oreille ; une bourse renversée, d'où se répandent des pièces d'or ; un masque, un jeu de cartes ; l'as de cœur qui s'en détache est peut-être là en souvenir d'un épisode remontant aux premières années des amours de La Vallière, et que M. Pierre Clément rapporte en ces termes : « Partis ensemble (pour la chasse), Louis XIV et Mlle de La Vallière s'étaient trouvés séparés par accident. Inquiet et impatient, le Roi écrivit à sa maîtresse sur le blanc d'une carte. C'était un deux de carreau. Mlle de La Vallière prit un deux de cœur et répondit au Roi immédiatement, avec autant de grâce que d'esprit :

> Pour m'écrire avec plus de douceur,
> Il fallait choisir un deux de cœur.
> Les carreaux ne sont faits, ce me semble,
> Que pour servir Jupiter en courroux (1).
> Mais deux cœurs vraiment unis ensemble
> Peuvent-ils rien s'annoncer que de doux ?

« Benserade aurait fait, à coup sûr, des vers d'une mesure plus régulière ; aurait-il mis dans la pensée autant de charme et un sentiment plus exquis (2) ? »

Il est permis de supposer que ce n'est pas sans intention que Mignard a peint cette carte isolée où ne se montrent « plus deux cœurs vraiment unis ensemble. » Cet emblème serait assez dans le goût de l'époque.

Terminons la description de notre tableau, en ce qui concerne la figure de Mlle de La Vallière, par la citation des

---

(1) Du tonnerre dans l'air, bravant les vains carreaux,
dit Boileau, satire X.

(2) *Réflexions*, etc., édition citée, tome 1, p. LXXVII.

portraits écrits que nous ont laissés les contemporains ; c'est encore à M. Pierre Clément que nous devons de pouvoir rapprocher de la peinture de Mignard ces portraits qui ajoutent encore à son intérêt et à son authenticité.

« Mlle de La Vallière, dit l'abbé Choisy qui, enfant, avait joué avec elle, n'était pas de ces beautés toutes parfaites qu'on admire souvent sans les aimer. Elle était fort aimable, et ce vers de La Fontaine :

> Et la grâce, plus belle encore que la beauté,

semble avoir été fait pour elle. Elle avait le teint beau, les cheveux blonds, le sourire agréable, les yeux bleus et le regard si tendre et en même temps si modeste qu'il gagnait le cœur et l'estime au même moment. » (*Mémoires*, p. 239, Collection Petitot.)

« Elle avait les yeux bleus, dit Bussy-Rabutin, les cheveux blonds, les traits du visage délicats, la taille fine, l'humeur douce, l'esprit bien fait. » (*Mémoires*, tome II, p. 3.)

« Mme de Motteville, qui ne peut être suspectée de partialité pour Mlle de La Vallière, à cause des chagrins qu'elle occasionnait aux deux reines, convient, de son côté, qu'elle était aimable, et que la blancheur de son teint, le bleu de ses yeux qui avaient beaucoup de douceur, et la beauté de ses cheveux argentés, ajoutaient encore au charme de son visage. » (*Mémoires*, tome IV, page 279, édition Riaux.)

« Elle était bien jolie et fort aimable de sa figure, dit aussi Mlle de Montpensier ; quoiqu'elle fût un peu boîteuse, elle dansait bien, était de fort bonne grâce à cheval ; l'habit lui en séyait fort bien. » (*Mémoires*, tome IV, p. 394.)

Mme de Sévigné appelle Mlle de La Vallière : « une petite violette, qui se cachait sous l'herbe, et qui était honteuse d'être maîtresse, d'être mère, d'être duchesse. » Lorsqu'en 1680, Mlle de Blois épousa le prince de Conti, Mme de Sévigné alla faire, à cette occasion, son compliment à Sœur Louise de la Miséricorde ; elle lui apparut comme *un ange*.

« Ce fut à mes yeux, dit-elle, tous les charmes que nous avons vus autrefois ; je ne la trouvai ni bouffie, ni jaune ; elle est moins maigre et plus contente ; elle a ses mêmes yeux et ses mêmes regards : l'austérité, la mauvaise nourriture et le peu de sommeil ne les lui ont ni creusés ni battus ; je n'ai jamais rien vu de plus extraordinaire. Elle a cette même grâce, ce bon air, au travers de cet habit étrange ; pour la modestie, elle n'est pas plus grande que quand elle donnait au monde une princesse de Conti (1). »

III

La fille de la duchesse de La Vallière, Marie-Anne de Bourbon, née au château de Vincennes en 1666, légitimée l'année suivante sous le nom de *Mademoiselle de Blois*, et depuis princesse de Conti, est représentée vis-à-vis de sa mère, de l'autre côté du tableau. Elle est debout, cueille de la main gauche une fleur dans un vase de lapis posé sur la table, et, de la main droite, elle montre celle qu'elle nommait sa *belle maman*. La princesse, âgée d'environ sept ans, porte une robe de damas d'or relevée, doublée de satin bleu, et une jupe de satin broché, à fleurs. Derrière elle, sur le tapis de la table, est posée une montre, dont la clé est attachée à un ruban noir.

Au milieu du tableau, le jeune comte de Vermandois est assis devant la table ; né un an après sa sœur, et légitimé en 1669, sous le nom de Louis de Bourbon, le prince est âgé d'environ six ans. Il est vêtu d'une tunique de velours noir, richement brodée d'or et de pierreries ; il tient un compas et s'appuie sur une carte marine ; près de lui est une boussole. Ces attributs rappellent que, dès l'âge de deux ans, le comte de Vermandois avait été pourvu de la charge de grand amiral de France,

---

(1) Lettre du 5 janvier 1680, tome VI, page 157 de l'édition donnée par MM. Monmerqué et Ad. Regnier. — Paris, Hachette, 1862, in 8°.

Mme de Sévigné avait vu à la Cour Mlle de Blois et le comte de Vermandois, précisément à l'époque où Mignard les peignit avec leur mère; elle écrivait, le 12 janvier 1674, à Mme de Grignan, qu'ayant été trois jours auparavant chez Mme Colbert, à Saint-Germain, elle y avait trouvé Mlle de Blois qui dansait. « C'est un prodige d'agrément et de bonne grâce, » ajoute Mme de Sévigné. « La duchesse de La Vallière y était ; elle appelle sa fille *Mademoiselle*, et la princesse l'appelle *belle-maman*. M. de Vermandois y était aussi. » A la fin de la même lettre, il est question d'un bal où Mlle de Blois parut « belle comme un ange, habillée de velours noir, avec des diamants, un tablier et une bavette de point de France (1). » Le costume de velours noir porté par Mlle de Blois est identique à celui de son frère dans le tableau de Mignard. Quelques jours plus tard, Mme de Sévigné, parlant encore des bals de la Cour qui sont « pleins de petits enfants, » dit : « Mlle de Blois est un chef-d'œuvre : le Roi et tout le monde en est ravi ; elle vint au milieu du bal dire à Mme de Richelieu : Madame, ne sauriez vous me dire si le Roi est content de moi ? — Elle passe près de Mme de Montespan et lui dit : Madame, vous ne regardez pas aujourd'hui vos amies. — Enfin, avec des petites *chosettes*, sorties de sa belle bouche, elle enchante par son esprit sans qu'on croie qu'on en puisse avoir davantage (2). »

L'appartement dans lequel Mignard a placé ses personnages est décoré d'un vaste rideau rouge et de deux colonnes entre lesquelles on aperçoit des arbres et un jet d'eau ; les jardins de Versailles étaient alors dans toute leur splendeur, et le peintre a pu avoir la pensée de les représenter dans le fond de son tableau.

(1) Tome III, pages 365 et 368 de l'éd. Monmerqué et Ad. Regnier.

(2) Lettre du 19 janvier 1674, t. III, p. 378.

IV

Aujourd'hui que l'on possède le véritable portrait de Mlle de La Vallière, il est possible de rectifier les erreurs d'attributions qui s'étaient introduites à ce sujet dans les galeries de Versailles. Sur cinq portraits, dont trois peintures anciennes et deux copies, qui y figuraient sous le nom de la duchesse de La Vallière, un seul se rapproche du type qui nous a été conservé par Mignard; les quatre autres doivent être désormais considérés comme représentant des femmes de la Cour de Louis XIV, ou comme des images sans intérêt pour l'historien et pour le biographe. Le peu de foi que l'on pouvait ajouter à ces peintures avait du reste été déjà signalé dans le chapitre que M. Pierre Clément a consacré aux portraits peints ou gravés de la duchesse de La Vallière (1). « Le malheur veut, dit à ce sujet M. Pierre Clément, que rien jusqu'à présent, ne garantisse l'authenticité d'aucun des portraits de la duchesse de La Vallière se trouvant au Musée de Versailles. M. Soulié, conservateur de ce Musée, a bien voulu, dans la note que nous allons reproduire, nous faire part des recherches auxquelles il s'est livré relativement à cette question, et qui n'ont pu encore le conduire à une solution définitive.

« Trois peintures provenant de l'ancienne collection du Louvre et dont l'inventaire n'indique pas la source, sont placées à Versailles sous le nom de Mme de La Vallière; ce sont celles qui portent les numéros 3446, 3447 et 4173 dans la *Notice* du Musée impérial de Versailles, publiée en 1854-55 (2).

(1) *Réflexions, etc.*, tome II, pages 273 à 281.
(2) Les numéros des tableaux cités dans cette note sont ceux de la première édition de la *Notice* du Musée de Versailles; ils ont été modifiés, dans la deuxième édition, de la manière suivante : 2030 (2111), 2076 (2157), 3446 à 3448 (3539 à 3541), 3469 (3562), 4173 (4265).

« Le numéro 3446 est une peinture bonne et curieuse, et si l'on pouvait affirmer qu'elle représente Mme de La Vallière, ce serait certainement le meilleur portrait d'elle à reproduire. La tête, couverte d'un léger voile noir qui contraste avec la richesse de la robe très décolletée et qui laisse voir les bras nus, est fine et offre une physionomie dans laquelle on peut lire la souffrance et la résolution de quitter le monde. La robe est recouverte d'un manteau bleu richement brodé. Le bras droit est appuyé sur un coussin de velours rouge. Elle est assise sur un siège dont le dossier est d'une forme singulière pour l'époque et qui ferait presque songer à une chaire d'abbesse.

« Le numéro 3447 représente une femme en chasseresse, armée d'un arc et d'un carquois, tenant un chien en laisse. La figure est longue et morne. C'est une peinture pâle et faible, et qui serait pourtant très curieuse s'il était prouvé qu'elle offre bien les traits de Mme de La Vallière.

« Le numéro 4173, provenant aussi de l'ancienne collection du Louvre, est une peinture également faible et pâle. Il est possible que le peintre ait voulu représenter Mme de La Vallière, mais ce portrait n'est certainement pas exécuté d'après nature.

« Les numéros 2030 et 3448 sont des copies modernes (par Albrier et Franque), d'après un même pastel qui se trouvait au Palais-Royal, faisant pendant à un autre pastel indiqué comme le portrait de Mme de Montespan. La pensée de faire symétriquement les portaits de ces deux maîtresses de Louis XIV, ne peut appartenir évidemment qu'à une époque postérieure à celle de leur faveur. Jamais de leur temps on ne les aurait placées à côté l'une de l'autre, mais plus tard on a pu rassembler, dans quelques châteaux, des portraits fabriqués après coup, suivant des renseignements plus ou moins authentiques, et il y en a beaucoup de cette catégorie à Versailles.

« Un tableau de Versailles (numéro 3469) a été successivement donné comme représentant Mme de Montespan puis

Mme de La Vallière. La fausseté de ces attributions est assez frappante pour qu'on ait relégué ce tableau à la catégorie des personnages inconnus.

« On avait cru aussi retrouver le portrait de Mme de La Vallière dans un grand tableau (numéro 2076) placé dans l'OEil-de-Bœuf et représentant la famille de Louis XIV. La provenance de ce tableau (il vient de Saint-Cloud) et la description qu'en a donné un auteur contemporain prouvent que la figure désignée sous le nom de Mme de La Vallière est en réalité celle d'une des sœurs de Mademoiselle de Montpensier. »

V

Le tableau de Mignard permet encore de revenir sur certaines attributions relatives à des portraits d'enfants placés à Versailles ; ainsi le portrait d'une jeune princesse, incontestablement peint par Pierre Mignard, était désigné sous le nom de la duchesse du Maine. Ce portrait offre beaucoup de rapports avec la figure de Mlle de Blois, telle qu'on la trouve dans le tableau représentant la duchesse de La Vallière et ses enfants, et il pourrait même avoir été la cause première d'une confusion faite par l'abbé de Monville. En effet, l'enfant que nous croyons aujourd'hui être Mlle de Blois, tient de la main droite « un chalumeau d'où pend une boule de savon. » Sur la table près de laquelle elle est assise, est posée une montre dont la clé est attachée à un ruban vert ; au fond du tableau, on aperçoit, entre deux colonnes, des arbres et un jet d'eau. Cette coïncidence de détails, jointe à l'analogie des traits et du costume, doit faire considérer ce portrait d'enfant comme celui de Mlle de Blois, peint par Mignard environ un an avant celui de la duchesse de La Vallière.

Il en est de même d'un autre tableau des galeries de Versailles, copié d'après un original de Mignard qui se trouvait au château d'Eu. Les deux enfants qui y sont représentés passaient pour ceux de la duchesse de La Vallière et, ce qui semblait justifier cette attribution, c'est que l'un de ces enfants, celui que l'on croyait être le comte de Vermandois, tient un gouvernail. On a maintenant la preuve que ces deux enfants ne peuvent être ceux de la duchesse de La Vallière, avec les traits desquels ils n'offrent aucun rapport, mais bien ceux de Louis XIV et de Mme de Montespan. Une fille de Mme de Montespan, Françoise-Marie de Bourbon, avait aussi reçu le nom de *Mademoiselle de Blois*, et fut mariée au duc de Chartres, depuis duc d'Orléans et Régent du royaume. Son frère, Louis-Alexandre de Bourbon, comte de Toulouse, fut créé amiral de France en 1683, après la mort du comte de Vermandois. Il est facile de comprendre comment la confusion a pu naître sur ce nom de Mlle de Blois, attribué successivement aux filles de Mlle de La Vallière et de Mme de Montespan, et par cette charge d'amiral donnée dès leur enfance aux comtes de Vermandois et de Toulouse. Ce dernier tableau de Mignard est de dix ans au moins postérieur à celui dans lequel la duchesse de La Vallière est représentée avec ses enfants.

Les tableaux que nous venons de décrire ont été réunis dans le même panneau, et l'on pourra s'assurer, en les comparant entre eux, de l'intérêt historique et iconographique qu'offre la copie d'après Mignard, récemment ajoutée par M. le surintendant des Beaux-Arts à la collection déjà si riche des portraits du Musée de Versailles.

Versailles. — Impr. de E. Aubert, 6, aven. e de Sceaux.

www.ingramcontent.com/pod-product-compliance
Lightning Source LLC
Chambersburg PA
CBHW070433080426
42450CB00031B/2405